OBSERVATIONS

SUR

LE DERNIER BUDJET.

par M. le Comte Molé

Voy. Barbier

IMPRIMERIE DE DAVID, RUE DU POT-DE-FER, N° 14.

OBSERVATIONS

SUR LÉ DERNIER BUDJET,

ADRESSÉES PAR UN PAIR

AUX DEUX CHAMBRES,

A L'OUVERTURE DE LA SESSION.

PARIS,

A LA LIBRAIRIE FRANÇAISE DE LADVOCAT,

PALAIS-ROYAL, GALERIE DE BOIS, N° 195.

JUIN 1822.

OBSERVATIONS

SUR LE DERNIER BUBJET,

A DRESSÉES PAR UN PAIR

AUX DEUX CHAMBRES,

A L'OUVERTURE DE LA SESSION.

Quoiqu'en ait dit un honorable Député, la Chambre des Pairs a très-certainement le droit d'amender les lois de finances, comme les autres lois ; et il y aurait d'autant moins d'intérêt à le lui contester, qu'elle n'usera peut-être pas une fois en cent ans de ce droit. S'il est une crainte à concevoir, c'est qu'elle n'examine même pas le budjet de l'État, et qu'elle ne néglige d'exercer un contrôle qui aurait un tout autre caractère, mais non moins d'importance que celui de la Chambre des Députés.

Il est vrai, que le secret de ses délibérations pourrait bien amener, à la longue, le silence de ses orateurs. Les hommes exercés aux affaires, qu'elle renferme en si grand nombre dans son sein, se dégoûteront de prendre une peine inutile. Il faut une ardeur de novice, pour se livrer sans but à un travail sérieux, ou pour prononcer des discours qu'à la vérité on imprime, mais que personne ne lit.

La publicité des séances est de l'essence de toute assemblée délibérante, surtout dans un grand pays. J'irais plus loin s'il me fallait dire sur cette matière toute ma pensée : je dirais, par exemple, que la tribune des deux Chambres, dans le gouvernement

représentatif franchement exercé, est des-
tinée à éclairer l'opinion et à empêcher qu'elle
ne s'égare; que la liberté et la publicité des
délibérations législatives sont les meilleures
et les plus efficaces de toutes les mesures pré-
ventives ou répressives des excès de la presse.
En définitive, alors, toutes les attaques contre
le pouvoir viennent se résoudre dans les discours de l'opposition, et l'on peut s'en fier à
la censure de la majorité, pour réprimer les
abus de la parole. Les fausses allégations, les
insinuations dangereuses du pamphlétaire
restent sans réponse, ou la réponse est dé-
daignée par ceux-là même qui ont lu le pam-
phlet avec le plus d'empressement; au lieu
qu'à la tribune, tous les témoins de l'attaque
assistent à la défense; tous les faits s'éclair-
cissent sans désemparer. Si la vérité et la justice ne triomphent pas de toutes les préven-
tions des auditeurs, au moins elles les af-
faiblissent et en détruisent un très-grand
nombre.

C'est encore un des bienfaits de la tribune, que d'ôter aux journaux une partie de leur importance. Le journaliste qui, par son talent, parviendrait à conserver la sienne, ne pourrait manquer d'être porté lui-même à la députation, par les suffrages de ses concitoyens. Car il faut que tous les talens, toutes les capacités, toutes les forces deviennent autant de candidatures. En résumé, cette influence ainsi exercée des Chambres sur l'opinion, est un de leurs plus beaux attributs, si elle n'est pas leur plus grande puissance. La Chambre des Pairs en est déshéritée.

Aucun reproche plus absurde ne me paraît avoir été adressé à l'opposition, que celui de parler par la fenêtre. Je suis loin d'approuver, soit comme principe, soit comme tactique, tous les discours qui lui ont attiré ce reproche; mais comment n'a-t-on pas senti que, dans cette forme de gouvernement, tout le jeu consiste à parler par la fenêtre, les uns pour conserver la majorité dans les élections, les autres pour la regagner. Sans fenêtre, c'est-à-dire sans publicité, sans rapports avec l'opinion, que devient une Chambre législative, et surtout une Chambre haute, dont le Monarque est, et doit être, le seul électeur? Reste-t-elle même un conseil du prince? J'en appelle à la sincérité de tous ceux qui me liront; une assemblée aussi nombreuse, composée d'élémens aussi divers, serait-elle propre à examiner les affaires comme un conseil; et son travail sur les lois, déjà discutées et adoptées par l'autre Chambre, pourrait-il ressembler à celui d'un conseil qui les prépare? Il faut bien le reconnaître, l'intervention d'une Chambre des Pairs ainsi constituée, dans la délibération du budjet de l'État, se réduit à peu près à rien : c'est ce qui m'a porté à renfermer dans cet écrit quelques simples observations. Offertes aux Chambres et au public, au moment où la session va s'ouvrir, elles pourront n'être pas tout-à-fait inutiles.

Je commencerai par la forme même du budjet, et la manière dont les Chambres procèdent à son examen.

Le budjet de la France s'élève à environ un milliard. Les Chambres ont d'abord à juger si toutes les dépenses dont cette somme énorme se compose, concourent réellement à la prospérité publique et si aucune ne pourrait impunément être retranchée. Elles entrent ensuite dans l'étude des ressources, et cherchent si des perceptions moins onéreuses que celles proposées par les ministres, ne procureraient pas les mêmes résultats. Cette tâche est immense ; aujourd'hui la Chambre des Députés charge une commission plus ou moins nombreuse de la préparer. La commission, pendant tout le temps que dure son travail, est plus que le Gouvernement lui-même. Elle tient les destinées du ministère entre ses mains. Aussi les ministres et leurs adversaires réunissent-ils tous leurs efforts pour influer sur la nomination de ses membres, qui se fait à la majorité des voix. Les rapporteurs, car il y en a deux, sont autant de puissances avec lesquelles le Gouvernement traite et compose, soit pour désarmer leur critique, soit pour abréger des délais qui pourraient mettre l'État entier en souffrance.

Le choix des commissaires n'est pas seulement le point de mire de la franche opposition, de l'opposition systématique, il l'est aussi de toutes les ambitions particulières. Ceux qui veulent arriver, à tout prix, ne savent-ils pas que le moyen le plus sûr d'obtenir est de se faire craindre? au lieu de financiers, de commerçans, d'administrateurs, de marins, c'est-à-dire des membres les plus propres à répandre la lumière sur toutes les parties de ce vaste ensemble ; la commission du budget sera donc toujours formée, ou des hommes les plus dévoués au pouvoir, si l'influence du pouvoir est la plus forte, ou des hommes les plus passionnés, si les ministres ne l'emportent pas.

Les innombrables inconveniens de cet état de choses, s'aperçoivent trop aisément pour qu'il soit besoin de les faire ressortir davantage. Je passe donc sans autre développement à en indiquer le remède. Il n'est pas difficile à trouver : l'idée s'en présentera naturellement, dès qu'on voudra bien se pénétrer du véritable esprit du Gourvernement représentatif ; dès qu'on voudra bien mettre enfin la nation dans ses affaires, et ne plus laisser de secret entre elle et son Gouvernement.

Ce que je vais proposer, je l'ai proposé et avec insistance, en 1817 et 1818, lorsque ma position m'aurait permis de joindre l'exemple au précepte, et obligé de pratiquer le conseil que je donnais. Alors comme aujourd'hui, je pensais que chaque ministre devait présenter séparément la loi des dépenses de son département, et la Chambre nommer une commission distincte pour chaque loi et chaque ministère. J'aurais voulu et avant tout peut être, que ces commissions au lieu d'être nommées à la majorité des voix, c'est-à-dire sous l'influence militante des ministres et de leurs adversaires, fussent choisies par le président, avec des restrictions et dans une forme que la Chambre déterminerait. Trois cinquièmes seraient pris sur les bancs de la majorité et deux parmi la minorité. Le président appèlerait nécessairement à chaque commission les membres désignés par la spécialité de leurs connaissances et de leur expérience. On ne peut croire qu'il voulut se mettre en lutte avec l'un des côtés de la Chambre par l'inconvenance de ses choix. D'ailleurs un des perfectionnemens que nous sommes en droit d'attendre du temps, par ce que le cours naturel des choses le rendra inévitable, c'est que le président de la seconde Chambre devienne un personnage aussi grave, aussi considérable, surtout aussi indépendant que l'orateur des communes en Angleterre.

On me fit, en 1818, une objection qui pourrait se renouveler. En isolant ainsi tel ministre, disait-on et lui faisant livrer un combat singulier, ne s'exposera-t-on pas à ce que l'animosité d'un des côtés de la Chambre ne fasse rejeter ou bouleverser les dépenses de son département? J'ai peine à concevoir, je l'avoue, qu'on se laisse arrêter par une considération de cette espèce. Ne dirait-on pas qu'une méthode contraire a amorti les coups dirigés par la droite ou par la gauche, contre le ministre dont elle voulait à tout prix obtenir le renvoi? D'ailleurs le budget n'est-il pas divisé aujourd'hui en autant de titres qu'il y a de ministères; et chaque ministère en autant de chapitres qu'il y a de nature de dépenses? La discussion ne s'ouvre-t-elle pas successivement sur chaque titre et sur chaque chapitre? Les ministres n'ont-ils pas tour-à-tour une lutte personnelle à soutenir, et dans le plan que je propose pourraient-ils moins se secourir entre eux ou appeler à leur défense les amis qu'il sont dans la Chambre, ou des commissaires du Roi? Cessons donc de repousser les conséquences des principes que nous admettons tous; cessons de craindre le jeu des institutions que sans doute nous voulons tous; cessons de ressembler à cet artiste qui recula d'effroi en voyant marcher une machine dont il avait créé tous les ressorts.

Supposons donc pour un moment des commissions ainsi formées, examinant les dépenses proposées pour chaque ministère : quels avantages n'en résultera-t-il point? Aucuns détails ne pourront plus échapper à l'investigation des Chambres. Les ministres obligés de les leur prodiguer tous, reconnaîtront la vanité et l'erreur de ce secret ou de cette réserve dans lesquels ils font trop souvent consister toute la dignité du pouvoir. Ils apprendront et le public lui-même apprendra, car notre éducation constitutionnelle est loin d'être faite, ils apprendront que les Chambres, au lieu d'être un obstacle au gouvernement, sont, avec le Roi représenté par ses ministres, le gouvernement lui-même; que tous leurs rapports avec elles doivent être marqués au coin d'une franchise sans réserve et d'une confiance sans bornes. Tout ce qui s'éclaircit ou plutôt ne s'éclaircit pas aujourd'hui à la tribune, s'éclaircirait dans le sein de commissions de cette espèce. L'opposition instruite à l'avance par les commissaires qui l'auraient représentée, arriverait à la discussion à moitié désarmée. La Chambre toute entière s'accoutumerait à entendre parler d'affaires et les connaissances positives s'y propageraient.

Mais le budjet, répond-on, est ce dont l'opposition s'occupe le moins dans ses discours, et rien ne l'empêchera de se jeter, à propos du budget, dans les généralités qui servent de prétexte à ses attaques les plus violentes.

Tout se tient, tout s'enchaîne dans notre forme de Gouvernement; le moindre point d'arrêt dans le jeu des ressorts, cause un trouble général qui se manifeste par des inconvéniens redoublés. C'est ainsi qu'on peut s'y attirer de grands embarras, en voulant se donner de prétendues garanties. Voulez-vous purger la discussion du budjet de ces disgressions qui la rendent presque sans terme et souvent si orageuse? Voulez-vous qu'elle rentre dans ses limites naturelles, qu'elle devienne vraîment utile et toute spéciale? Faites que tout membre puisse se lever comme dans un pays voisin, pour développer en séance publique la motion qui lui convient. Séparez les affaires de la nation de celles des partis; qu'il ne soit pas permis de faire de l'oposition sur les premières, mais

2

que l'opposition soit libre d'appeler les ministres et de les attaquer sur le terrain qu'elle choisira.

De même que Sir James Mac-Intoch a interpellé le marquis de Londonderry, sur les relations de l'Angleterre avec la république de Colombie, de même je veux qu'un député puisse demander aux ministres ce qu'ils attendent pour répondre aux vœux si légitimes du commerce français? Si un ministère se montre assez imprévoyant ou assez imbu de préjugés pour méconnaître les conséquences d'une révolution ou plutôt d'un transport dans la civilisation, qui doit changer tous les rapports des peuples entre eux, il faut qu'un orateur habile et véhément puisse de la tribune nationale, signaler son impéritie, et tracer dans l'avenir toutes les suites d'un si grand événement.

J'en dirai autant de Saint-Domingue et de nos colonies. Ce n'est pas seulement un droit que les orateurs des deux Chambres exercent, mais aussi un devoir qu'ils remplissent, quand ils usent de toutes les ressources de la parole pour engager les ministres à se rendre à l'évidence, à se soumettre à la nécessité, et à reconnaître que cette époque, différente de toutes les autres, étendra son influence sur les quatre parties du monde à-la-fois.

Ce n'est donc point incidemment et à propos du budget, que de semblables questions veulent être abordées. Les chiffres doivent être séparés de tout le reste. Les dépenses doivent être examinées indépendamment des causes morales, pour ainsi dire, d'où elles découlent. Ainsi, sur les colonies, il fallait demander le budget particulier de chacune d'elles, le tableau de toutes les perceptions qu'elles supportent, c'eût été le moyen de découvrir peut-être plus d'un abus, plus d'une sinécure, dont les députés qu'on fait payer aux colons quatorze et vingt mille francs, à Paris, sont un notable exemple.

En 1817 et 1818, des ordres si positifs furent donnés aux gouverneurs et commandans de nos colonies, d'adresser au ministre de la marine leurs budjets détaillés et raisonnés, que ce ministre doit être en état aujourd'hui de les présenter. D'ailleurs, quels documens pourraient encore manquer, depuis la mission confiée, à la fin de 1817, à un homme éclairé (1) : mission qui n'avait d'autre objet que d'étendre son investigation sur toutes les branches de l'administration, l'état des personnes et l'organisation judiciaire dans nos Antilles? Comment se fait-il qu'après tant de renseignemens recueillis, la vraie situation de ces établissemens soit encore ignorée ou si peu connue des Chambres et de la nation! L'article 73 de la Charte porte : « que les co- » lonies seront régies par des lois et des ré- » glemens particuliers. » Mais cela ne veut pas dire qu'elles seront mises hors de la loi,

(1) M. Pichon, conseiller d'état, qui a été mis récemment en service extraordinaire.

hors du droit commun, et livrées à un arbi-
traire sans terme et sans limites. Ne vous
étonnez pas si elles souffrent, si elles se plaignent, si elles s'appauvrissent tous les jours;
car aucune métropole, aucune société ne
résisteraient aux causes qui les minent. Les
hommes réunis en société ne prospèrent, ne
fleurissent qu'à l'ombre de la justice et des
lois. Vos colonies en sont privées; procédez
pour elles comme pour les autres portions
du territoire français. Au lieu de ces dotations
capricieuses qu'on leur accorde chaque an-
née, entrez dans la connaissance de leurs be-
soins; que les dépenses véritablement locales
restent à leur charge, comme cela se pratique
pour nos départemens et nos communes,
mais que les dépenses générales demeurent à la
charge de l'État. Occupez-vous ensuite de
régler avec prudence, mais avec justice,
l'état des personnes; ou du moins, confiez
ce soin à des autorités locales, aux principaux
colons eux-mêmes réunis à cet effet. Enfin,

et par-dessus tout, faites que les jugemens des tribunaux s'exécutent, que les engagemens s'accomplissent, que les contrats ne soient plus illusoires ; hâtez-vous de mettre un terme à cette espèce d'insolvabilité légale qui protège aujourd'hui tous les débiteurs : alors vous aurez beaucoup fait pour les colonies.

Il restera encore à considérer leur existence sous des rapports plus généraux et dans un avenir qui se rapproche à pas de géant. Il restera à examiner quelle sera l'influence sur le système colonial de l'Europe, de trois événemens qui doivent y apporter des modifications profondes, s'ils ne le renversent totalement. Il restera enfin à demander aux ministres s'ils pensent que le soleil n'ait encore marqué que le 16ᵉ ou le 17ᵉ siècle pour les colonies, et à décrire plus amplement qu'on ne l'a fait encore, les conséquences de l'existence dans l'île de Saint-Domingue d'un peuple noir civilisé, nombreux et puissant, de l'abolition de la traite consentie par tous les souverains, et de la renaissance des Amériques.

C'est de la même manière, qu'il eût été utile de s'occuper de l'abolition de la traite. Je citerai comme exemple et comme modèle, la marche suivie par un noble duc (1), dans la Chambre où il siége, tout en regrettant qu'il ne se soit pas rendu plus précis et plus pressant dans ses conclusions. L'insuffisance des mesures adoptées par la France était un point de départ incontestable, on ne pouvait que sommer les ministres d'y ajouter et de remplir les promesses de leurs prédécesseurs.

Qu'il me soit permis, sans sortir de ce qui concerne la marine, de faire sentir, par quelques exemples, la quantité d'objets sur lesquels on fait prendre le change aux Chambres et au public, par une mauvaise

(1) M. le duc de Broglie.

division du travail et un mode vicieux de délibération.

Le ministre de ce département dit dans son rapport, au chapitre du Personnel, page 7, en parlant de la dépense de l'administration centrale : « Il m'est aujourd'hui démontré que » restreinte comme elle l'est depuis deux ans » à 967 mille francs, la dépense, etc. »

Ce n'est point depuis deux ans, ce n'est point en 1820, mais en 1818 et par son prédécesseur, que les dépenses de l'administration centrale furent diminuées de 112,383 fr. et réduites à 967 mille francs ; et personne ne le sait mieux que le noble baron, puisqu'il dirigeait alors la division des colonies. La mémoire du même ministre ne l'a pas mieux servi sur un point plus important, et son rapport, sans doute bien malgré lui, aurait pu égarer l'opinion des Chambres. Je veux parler de l'ordonnance du 22 octobre 1817, qui

borna à 858, le nombre des officiers de vaisseaux. Si d'autres souvenirs sont plus fidèles
que ceux de l'auteur du rapport, l'amère
critique qu'il fait de cette ordonnance, page
10, est peu d'accord avec la manière dont
il s'en exprimait à son prédécesseur au moment où celui-ci la fit rendre. « En 1817, dit
» le rapport, page 10, des vues d'économie
» que je n'ai pas le devoir d'apprécier, firent
» abandonner l'organisation de 1814. » Si le
noble baron n'avait pas le devoir d'apprécier
les vues dont il parle, il en avait au moins
le droit, car il a encore mieux que personne,
connu les motifs de toute nature qui ont
fait rendre l'ordonnance de 1817. C'est un
devoir, et un devoir sacré pour celui qui trace
cet écrit, que de les rappeler.

Les ordonnances royales des 1ᵉʳ juillet 1814
et 29 novembre 1815, avaient eu pour objet
de fondre en un seul corps l'ancienne et la
nouvelle marine, et de réunir dans les mêmes

cadres les officiers qui, depuis trente ans, avaient constamment exercé leur état, et ceux qui, depuis trente ans, avaient pu l'oublier. Apparemment, on avait cru que des sentimens honorables, tels que le dévouement et la fidélité, pourraient, en temps de paix, du moins tenir lieu d'expérience et d'habitude. Le nombre des officiers fut donc porté à 1542, c'est-à-dire au-delà de ce qu'il avait jamais été, même pendant la guerre de 1778, époque où notre marine fut si active et si glorieuse. Une pareille augmentation dans le personnel n'avait pu se faire qu'aux dépens du matériel, dont plusieurs parties restèrent en souffrance. Les grades supérieurs n'avaient plus de proportion avec les grades inférieurs, et la plupart de ceux qui les occupaient, à peine connus de la nouvelle marine, ne se recommandaient à elle que par de longues et honorables infortunes. En outre, la superfétation était si grande, que tout avancement devenait impossible, que le dégoût et le découragement gagnaient, se propageaient tous les jours. La question était de savoir si le corps de la marine serait constitué dans l'intérêt d'un certain nombre de personnes, ou pour le plus grand avantage de l'État. Un homme aux yeux duquel les abus ne trouvent jamais de grâce, arriva au ministère, et il n'hésita pas. C'est à M. le maréchal Gouvion Saint-Cyr, qu'on doit l'idée et le plan d'une réforme qui rendit, on ne craint pas de le dire, à la marine française une nouvelle vie. Le successeur du Maréchal n'eut que le faible mérite de publier et contresigner l'ordonnance, en marchant sur les traces de son prédécesseur.

Cette réduction du personnel promettait une économie de 1,149,904 fr., quand la caisse des Invalides pourrait se charger de la totalité des pensions et une économie actuelle, immédiate de 390,304 fr.

Je ne demande pas mieux que d'accorder

beaucoup d'estime et d'éloges à ceux qui demandent à grand cris des réformes et des économies ; mais je voudrais qu'on réservât un peu de reconnaissance pour ceux qui les exécutent. Je ne sache pas de devoir plus pénible à remplir, ni d'acte de dévoûment au bien public plus méritoire. Si l'on porte dans les réformes quelque justice et quelque impartialité, elles s'étendent nécessairement un peu sur tout le monde, et dès-lors elles ne font plus les affaires de personne. Voilà pourquoi il se trouve si peu de gens qui les défendent, même parmi ceux qui les avaient demandées. Quoiqu'il en soit, l'Ordonnance de 1817 mit en retraite cent soixante-treize oficiers de l'ancienne marine et cent un de la nouvelle. Ce qu'il y eût de plus douloureux, de plus désolant pour le ministre chargé de l'exécution de l'Ordonnance, ce fut que l'état des finances ne lui permit alors d'obtenir aucun changement aux dispositions qui fixaient le montant des retraites.

Je ne finirais pas, si je rapportais toutes les questions de cette espèce que les Chambres n'approfondissent pas, toutes les méprises dans lesquelles elles tombent et où quelquefois à plaisir on les induit.

Se sont elles fait une idée bien nette, par exemple, de l'emploi des 7 millions d'augmentation qu'elles ont accordés à la marine ? Certes ce beau et important département en consommerait très-utilement bien davantage. Mais il faudrait auparavant s'assurer de la continuité des vues dans lesquelles l'argent sera dépensé. Si l'on ne trouve moyen de remédier, en ce qui concerne la marine, à la fréquence des changemens de ministre, la France doit renoncer à en avoir une. C'est-là que rien ne s'improvise, rien ne se fait qu'à force de temps. Qu'on se figure celui qui s'écoule avant que l'éducation du nouveau ministre soit faite, avant qu'il ait reconnu le seul système de marine qui nous convienne, le genre de construction que nous devons adopter, l'espèce de guerre pour laquelle il faut nous préparer ? Et quand il aura pu se former une opinion sur toutes ces grandes questions, qui nous répond que cette opinion sera précisément celle qu'avait son prédécesseur ? Si celui-ci voulait une marine nombreuse et légère, plus de frégates que de vaisseaux, poursuivre les convois de nos ennemis plutôt qu'attaquer leurs escadres, encourager la course plutôt que de livrer des batailles ; qui nous répondra que celui-là ne voudra pas tout le contraire ? En outre, tel ministre n'est-il pas souvent appelé à la marine parce qu'il n'y avait point de place pour lui ailleurs ? N'est-il pas choisi par des considérations purement politiques ou des arrangemens ministériels ? Il faut donc trouver le moyen de mettre un service aussi important à l'abri d'inconvéniens inhérans à la forme de notre gouvernement. Ce moyen serait la création d'un conseil permanent de l'ami-

rauté. Le ministre alors pourrait impunément être changé ; aucune direction princi-
pale ne changerait avec lui, aucun projet ne
serait abandonné ou interrompu. C'est une
idée qui paraît encore étrange, mais à laquelle on s'accoutumera, que les ministres,
avec des Chambres, doivent être les fonction-
naires les plus révocables et les moins indis-
pensables de leur département. Jusques-là
on ne saura jamais bien ce qu'on fait en leur
accordant, et surtout à celui de la marine, de
fortes augmentations de dépense.

Mais il faudrait avant tout, s'entendre sur
ce grand mot d'économie à la faveur duquel
tant de désordres s'introduisent dans les dis-
cussions. Il a ses illusions et ses dangers
comme tout ce qui est vague et indéfini. La
véritable économie consiste bien moins à ré-
duire les dépenses qu'à les rendre toutes pro-
ductives. Dans notre état social, tout se réduit
à des capitaux et à des intérêts. Les sacrifices

qu'on demande aux peuples doivent cesser d'être des sacrifices en leur rapportant de gros intérèts. L'économie doit donc surtout consister à rendre la dépense intelligente, c'est-à-dire à lui faire procurer à la société un avantage proportionné et incontestable. Tout ce qui coûte plus qu'il ne rapporte, est abusif et doit être retranché.

Cette théorie est plus large qu'on ne pense et, bien entendue, elle ne saurait effrayer. Le capital peut n'être pas en argent ni l'intérêt non plus. Ainsi un pays donne une partie de sa population pour entretenir des armées et des flottes qui assurent son indépendance, et le mettent au premier rang de la gloire et de l'honneur parmi les nations. Depuis l'établissement de la monarchie constitutionnelle en France, nous avons vu l'opposition changer de côté et se trouver tantôt à droite, tantôt à gauche, mais malheureusement son langage en matière d'économie n'a point changé;

peut-être, parce que les vrais principes n'avaient pas encore été nettement déduits. Les deux oppositions semblent avoir rivalisé entre elles à qui réduirait le plus les dépenses. Il fallait, au lieu de cela, rivaliser d'intelligence avec le ministère, sur les dépenses; c'est-à-dire, présenter un système où les dépenses considérées comme capital, produiraient, soit en les réduisant, soit en les maintenant, de bien plus gros intérêts.

La question ainsi posée, on s'apercevrait bien vîte que l'on a fait fausse route. Autant la guerre à outrance aux sinécures et aux abus est légitime, autant il faut porter de discernement et de réflexion dans d'autres retranchemens. C'est peut-être moins sur les salaires attachés aux fonctions publiques, qu'on peut obtenir un allégement considérable aux charges de l'Etat, qu'en remaniant toute l'organisation administrative, en détruisant la centralisation, et simplifiant les per-

ceptions de l'impôt. Des réformes aussi profondes pourraient sans doute produire de
grandes économies ; mais combien on doit
les murir ! Si l'on se trompait sur le point où
il faut qu'elles s'arrêtent, si l'on se méprenait
dans le choix des moyens substitués à ce
qu'on aurait détruit, ou pourrait tarir jus-
ques dans sa source, tout ce qui faisait la
force et la prospérité de l'Etat.

Faute de ces idées générales qui doivent
dominer toute cette matière, on renverse
toutes les questions, on les présente par leur
plus petit côté ; on s'occupe du fonctionnaire,
en le séparant de ses fonctions, et comme
d'un individu à la charge de l'Etat, dont on
aurait à mesurer le bien-être ou à régler le
sort. La fonction est-elle utile, rapporte-t-elle
plus que le fonctionnaire ne coûte ? voilà ce
qu'il faudrait se demander, pour savoir pre-
mièrement si la fonction doit être maintenue,
secondement si le fonctionnaire est trop,

assez, ou pas assez rétribué. Au lieu de cela, nous avons vu la Chambre, en fixant les dépenses des préfectures, placer tout d'un coup, et presque sans s'en apercevoir, les préfets dans la dépendance des Conseils généraux. La plupart de ceux qui ont voté en faveur d'une pareille disposition, étaient bien loin d'en calculer la suite. Ne sera-t-elle pas évidemment de mettre un peu plus les agens de l'autorité à la discrétion d'un parti? ou cette disposition n'est-elle pas encore une conséquence du système qui tend à placer le Gouvernement tout entier dans les mains de ce même parti, et à faire qu'aucun fonctionnaire, depuis le maire jusqu'au ministre, ne puisse se soutenir s'il lui résiste? Ici tout a été singulier et digne d'observation; le silence des ministres, dont aucun n'a défendu le pouvoir ainsi attaqué dans son essence, et la conduite de l'opposition, qui n'a pas vu le piége qu'on lui tendait.

Au surplus, il faudrait en finir sur les préfectures et les préfets ; il faudrait terminer cette question, qui revient tous les ans, en la traitant une fois avec franchise. Je ne partage pas l'opinion de ceux qui voudraient remplacer les préfectures par des administrations collectives, mais je la comprends : au lieu que je ne comprends pas ceux qui, tout en voulant maintenir les préfets, leur refuseraient ce qui est indispensable à leur considération, à leur action, à leur juste indépendance. Que l'on se garde donc de diminuer encore des traitemens dont la modicité met quelquefois ceux qui les reçoivent dans la honteuse nécessité de faire des profits sur leurs abonnemens. Supprimez plutôt ces abonnemens eux-mêmes, et que les frais d'administration et de bureaux soient réglés de clerc à maître entre les préfets et le ministre dont ils dépendent. Surtout n'oublions pas qu'une certaine élévation des traitemens est la plus solide garantie de l'égalité. Cessez de salarier les hautes fonctions, ou de les salarier assez, et vous les verrez redevenir l'apanage exclusif de la richesse ou de la naissance. Vous verrez renaître un des plus funestes abus des vieilles monarchies ; celui des titulaires, abandonnant leurs fonctions à des subalternes, qui sauront bien retrouver, aux dépens des administrés ou des contribuables, les traitemens que vous croirez avoir épargnés.

En arrivant à la fin de ces observations si sommaires, et qui ne se recommandent que par les intentions de leur auteur, je m'aperçois qu'il n'y est pas dit un mot de la question la plus importante de toutes celles qui se présentent à l'occasion du budget : c'est qu'elle m'a paru jugée ; c'est qu'un des avantages du gouvernement représentatif est de rendre l'empire de certaines vérités inévitable. Il ne faut que trouver réunis un esprit assez élevé pour comprendre ces vérités dans toute leur étendue et un talent assez puissant pour les faire ressortir dans tout leur jour. C'est ce qui est arrivé pour la spécialité. Un de ces esprits qui épuisent toutes les questions dont il s'empare, a démontré que la spécialité par chapitre était une affaire de pure probité, une conséquence de la nécessité d'obtenir l'impôt du consentement libre et intelligent des Chambres. L'évidence a été portée si loin par l'orateur (1), que tôt ou tard il faudra s'y rendre, et qu'elle pèsera sur tous les minis- tères, quels qu'ils soient, jusqu'à ce qu'il s'en trouve un qui y souscrive.

Si toutes choses étaient bien comprises, on verrait s'évanouir comme des fantômes, la plupart des objets qui font peur. Mais dans ces temps de parti, d'aigreur et d'injustice, il faut s'attendre à être accusé de prêcher la révolte, si on s'avise d'exposer franchement ce que tout le monde sait sans oser le dire ; et d'entraver la marche du gouvernement, si on

(1) M. Royer-Collard.

essaye de l'éclairer. Il faudrait pourtant trouver juste que ceux qui se sentent entraînés
au fond de l'abîme, appellent au secours et
signalent le danger.

Toutefois la tâche des gouvernemens est
difficile; qu'ils s'en prennent au degré de civilisation où l'espèce humaine est parvenue.
Ils ne la feront pas rétrograder, et le mal dont
ils se plaignent est sans remède. Les notions
du juste et de l'injuste ont pénétré dans toutes
les classes; tous les hommes connaissent leurs
droits; heureux s'ils ne se les exagèrent pas
De là est résultée une raison universelle, à laquelle n'en appelleront jamais en vain ni les
peuples ni les rois. Puissance inévitable devant
laquelle sont tombés, pour ne se relever jamais, le dogme du droit divin et celui de la
souveraineté du peuple. Aucun gouvernement ne peut plus se soutenir s'il n'est rai-
sonnable, c'est-à-dire, s'il ne marche appuyé
sur la justice et la vérité : tel est l'arrêt irré-

vocable, non d'un destin aveugle, mais d'une Providence qui conduit le genre humain depuis son berceau.

Cependant, pour être plus éclairés, les hommes n'en sont pas beaucoup meilleurs; les mêmes passions fermentent dans leur sein, et les disposent aux mêmes excès. Ceux qui les gouvernent doivent donc se dire qu'il ne leur suffirait pas d'être justes, et qu'il leur faut être habiles. Seulement, quand ils auront pour eux les masses dont ils protégeront tous les droits, il leur sera bien aisé de rendre purement odieuses les ambitions particulières qui voudraient troubler l'État.

FIN.